▾ Les Histoires du Père Castor ▾

Qu'elles soient nées dans l'esprit fécond d'un auteur ou venues du fond des âges et de pays lointains, les histoires transmettent une culture, une tradition, elles parlent de nous. Comprendre, accepter les autres, mieux se connaître, se laisser porter par la magie des mots et des images : c'est tout cela que les Histoires du Père Castor offrent.

Depuis 1931, le Père Castor propose de merveilleuses histoires illustrées, et crée les classiques de la littérature pour enfants, d'hier et d'aujourd'hui. Nous perpétuons cette tradition avec les talents d'auteurs de mots et d'images pour le plaisir toujours renouvelé du partage de la lecture...

Un nouveau bon tour de Renart

Pour Rose et Antonia.
H. M.

Dépôt légal : mai 2021
ISBN : 9782081497658
Imprimé en République Tchèque par PB Tisk – 03-2021
Éditions Flammarion (L.01EJDN001856.N001) – 87, quai Panhard-et-Levassor, 75647 Paris Cedex 13
Loi n° 49-956 du 16 juillet 1949 sur les publications destinées à la jeunesse

un nouveau bon tour de Renart

Une histoire de Robert Giraud,
d'après *Le Roman de Renart*
Illustrée par Henri Meunier

PÈRE CASTOR

Ce jour-là, Renart était parti chasser tôt le matin en forêt. Il était allé assez loin de sa maison : mais il était revenu bredouille, sans avoir déniché le moindre gibier. Les plaintes de ses enfants le décidèrent à faire une nouvelle tentative. Cette fois, il sortit de la forêt et aperçut dans la plaine une grande ferme.

À côté de la ferme, Renart découvrit une basse-cour, où était réuni tout ce que peut désirer un goupil : des poules, des coqs, des oies et des canards, tous bien dodus.

Renart se glissa dans la basse-cour en faisant le moins de bruit possible pour éviter que les volailles donnent l'alarme par leurs cris.

Il finit par repérer trois belles poules qui s'étaient endormies à l'écart, sur un tas de foin.
Renart fondit sur elles, les étrangla, en mangea deux et emporta la troisième.

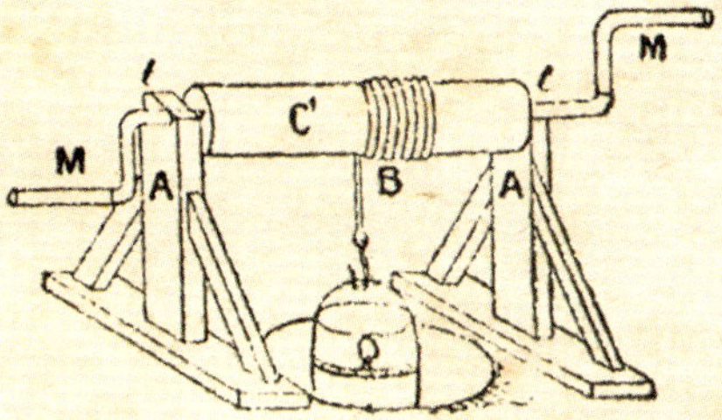

A.supports du cylindre - B.corde
C.cylindre - M.manivelle - O seau

Renart était repu, mais son repas lui avait donné soif.
Heureusement, il avisa un puits dans un coin de la cour.

Le puits était surmonté d'un cylindre sur lequel passait une longue corde.
L'un des bouts de celle-ci supportait un seau vide, tout en haut du puits
À l'autre extrémité, un seau plein reposait tout au fond, hors de portée du goupil.

Renart posa la poule qu'il destinait à sa famille derrière le puits et empoigna la corde.
Il tira dessus de tout son poids pour faire remonter le seau plein,
mais ses pieds glissèrent sur la margelle et Renart tomba dans le seau vide,
qui dégringola aussitôt vers le fond du puits, faisant remonter le seau plein.

Le goupil avait maintenant autant d'eau qu'il en voulait.
Il commença par boire, mais il se rendit vite compte
qu'il était prisonnier du puits et ne pourrait jamais s'en sortir tout seul.
Lui, le grand attrapeur des autres, le voilà bien attrapé !
Il pensait à sa renarde et à ses renardeaux, qu'il ne reverrait plus jamais,
à moins qu'un autre vienne le tirer de là.

Or, le hasard voulut que le loup Ysengrin sortit du bois peu après Renart,
et qu'il arriva dans ces parages, souffrant lui aussi de la faim et de la soif.

« C'est ici une terre de démons ! se dit-il.
On n'y trouve rien à manger, rien à boire ! »

À son tour, le loup aperçut le puits. Il s'en approcha
et se pencha sur la margelle pour en scruter le fond.
« Tiens, tiens, se dit-il. N'est-ce pas compère Renart que je vois ?
Que fait-il là ? »
Renart vit pointer la tête du loup et décida de tenter sa chance.
Il s'écria :
– Il me semble voir là-haut une figure de connaissance.
– Moi, je vous reconnais très bien, dit le loup.

– Je fus autrefois, il est vrai, votre bon voisin, dit Renart.
Mais aujourd'hui, je suis, Dieu merci, trépassé,
et je me trouve dans un lieu de délices.
– Mort, vous ? dit le loup. Votre fin me peine grandement.
– Et moi, elle me réjouit ! dit le goupil.
J'ai maintenant plus de poules que je ne peux en manger.
En voulez-vous la preuve ?
Regardez derrière le puits, et vous en verrez une
qui est restée de mon dernier repas.

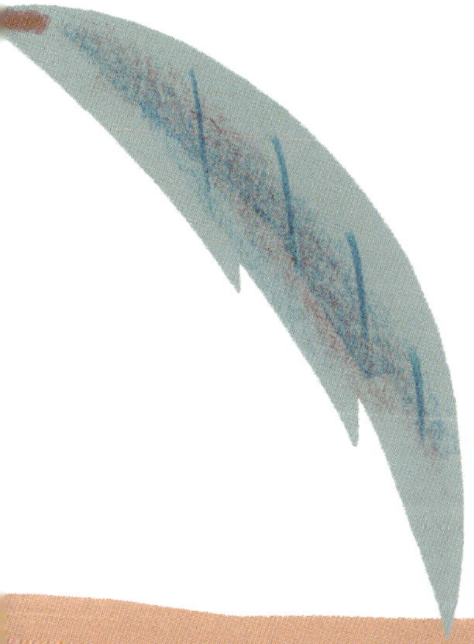

En effet, Ysengrin ne fut pas long à trouver la poule
dont Renart lui avait parlé.
« Il a dit vrai, ma foi, pensa-t-il. Quel bon paradis
que celui où l'on a de la viande à volonté ! »
Le loup, affamé qu'il était, se jeta sur la poule
et la dévora en quelques coups de dents.
Il n'en resta que les plumes.
Puis il revint au puits :
– Feu Renart, dit-il, apprenez-moi, je vous en prie,
comment à votre exemple je pourrais gagner le Paradis ?
– Vous voyez le seau vide tout en haut du puits ?
Entrez dedans, et vous n'aurez aucun effort à faire pour me rejoindre.

Le loup, empli d'espoir, s'introduisit comme il put dans le seau, qui se mit à descendre rapidement. Du même coup Renart, qui était beaucoup plus léger, remonta.

À sa grande surprise Ysengrin croisa Renart à mi-puits :
– Où allez-vous donc, cher compère ?
Pourquoi ne restez-vous pas avec moi ?
Suis-je dans la bonne voie ?
– Bien sûr que oui.
Mais la coutume d'ici veut que,
quand l'un monte au Paradis
l'autre s'en va en Enfer.

À peine Renart eut-il prononcé ces mots qu'il atteignit le bord du puits. Il sauta à terre et s'éloigna au plus vite de la ferme.

Ysengrin, furieux et désespéré, essaya de grimper le long de la corde, mais ses pattes glissaient dessus.

Il se cramponna alors au seau pour éviter de se noyer, mais son corps demeura à moitié plongé dans l'eau glacée. Ainsi passa-t-il toute une nuit interminable et cruelle.

Au matin, le fermier constata la disparition des trois poules.
Tout en se demandant où elles avaient bien pu passer,
il alla au puits pour tirer l'eau dont il avait besoin pour les bêtes.
Comme le seau ne montait pas, il regarda au fond du puits.
Ô surprise ! Il aperçut les pattes et la tête d'Ysengrin.
Il s'exclama :
– Mais c'est le loup ! Voleur, je te tiens !
C'est toi qui as mangé mes poules, j'en suis sûr !

Le paysan courut à la ferme, se saisit d'un énorme gourdin et alerta ses ouvriers.
Ceux-ci le suivirent avec leurs fourches et leurs pelles.

Arrivés au puits, les hommes se mirent à tirer ensemble sur la corde. Grâce à leurs efforts, le seau finit par émerger du puits.

Ysengrin essaya de fuir en sautant par-dessus la tête du fermier ; mais les ouvriers lui barrèrent le passage.
Tous le frappèrent à qui mieux mieux.
Une véritable grêle de coups s'abattit sur lui.

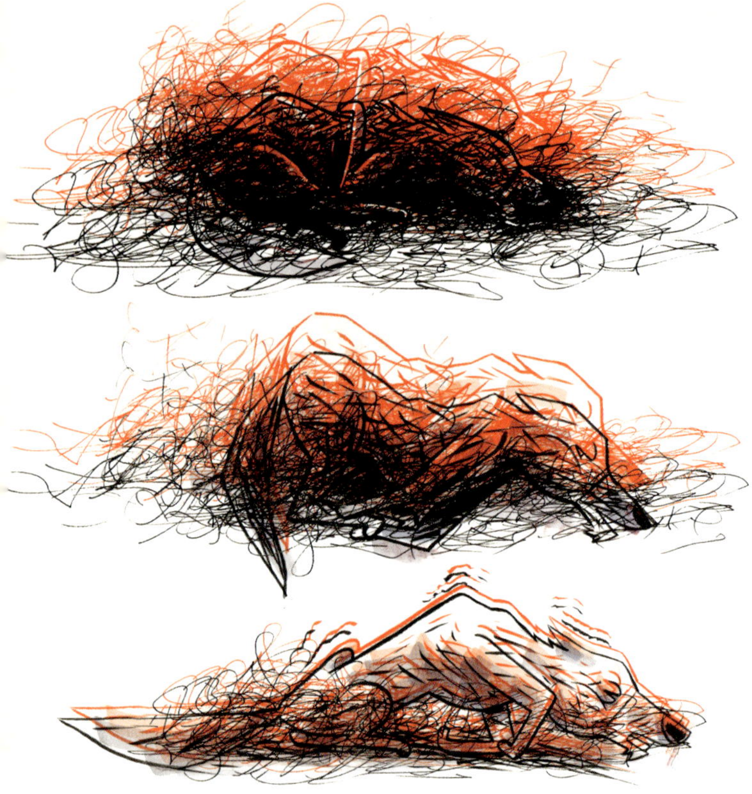

Ysengrin décida de faire le mort.
Il cessa de se défendre et demeura
étendu par terre sans bouger.

– Voilà un loup qui ne fera plus de mal
à nos bêtes ! dit alors le fermier.
Sa peau, tout écorchée,
n'est même plus bonne à être vendue.
Laissons son cadavre pourrir
au bord du chemin et allons-nous-en.

Dès que les paysans eurent disparu, Ysengrin, tout meurtri, se souleva et se traîna jusqu'aux premiers buissons qui annonçaient la forêt.

C'est là que son fils le retrouva :
– Ah ! cher père, qui vous a mis en pareil état ?
– Fils, c'est Renart le traître, le félon.
Ah, il ne perd rien pour attendre !

Ysengrin prit son fils par le cou, et soutenu par lui, parvint au seuil de sa demeure.

La louve soigna habilement son mari, badigeonnant et pansant ses plaies. Ainsi, Ysengrin recouvra ses forces, retrouva l'appétit, et put à nouveau marcher.

Désormais il n'eut plus qu'une idée en tête : se venger de Renart, ce filou qui lui avait joué une fois de plus un bien vilain tour.

Vous avez aimé cette histoire ?
Découvrez également...

▾Dans la même collection▾

n° 3 | Poulerousse

n° 18 | La Famille Rataton

n° 21 | La Moufle

n° 32 | Tom Pouce

n° 48 | Un bon tour de Renart

n° 66 | Un si gros mensonge

n° 68 | Le Petit Soldat
de plomb

n° 70 | Le Singe et le crocodile

n° 74 | Le Grand Lion
et le petit lapin

▾Dans la même collection▾

n° 78 | Le Dragon de Cracovie

n° 85 | Dans le ventre du moustique

n° 90 | Le Grillon plus fort que le lion

n° 112 | Joli corbeau

n° 120 | Une histoire de singe

n° 154 | Un petit chacal très malin...

n° 170 | Le jour où le tigre a eu des rayures

n° 179 | N'est pas singe qui veut !

n° 190 | Sophie et les cigognes du roi